LA

RÉGENCE DE TUNIS

RÉGENCE DE TUNIS

GÉOGRAPHIE PHYSIQUE & POLITIQUE,

DESCRIPTION GÉNÉRALE,

GOUVERNEMENT, ADMINISTRATION, FINANCES,

ETC.

PAR

MARCEL JUILLET SAINT-LAGER

ALGER

JUILLET SAINT-LAGER, ÉDITEUR

1874

Les riches et vastes contrées où régnaient autrefois les compatriotes d'Amilcar et d'Annibal et
qui furent le théâtre de tant de hauts faits et de
tant d'exploits, forment aujourd'hui un État
florissant et prospère : c'est la *TUNISIE*.

Tunis, la capitale, s'élève non loin des ruines de
l'antique Carthage et chaque pierre de ses murailles, pour ainsi dire, pourrait raconter la
longue épopée des luttes gigantesques soutenues
par les Carthaginois contre les envahissements des
Romains, dans ces fameuses guerres puniques

Les temps ont changé : bien des siècles ont
passé sur toutes ces grandes choses ; mais de même

que *Tunis* a remplacé *Carthage*, de même il se trouve encore aujourd'hui à la tête du gouvernement de ce pays des hommes de génie, un surtout, qui fait revivre de nos jours le héros des temps anciens avec cette différence, pourtant, qu'*Annibal* n'était qu'un grand capitaine, tandis que l'homme éminent qui gouverne aujourd'hui la Tunisie est, en même temps, un grand administrateur et un profond législateur.

Ce beau pays, trop peu connu, mérite à tous égards l'attention des gens vraiment éclairés, non-seulement au point de vue de l'histoire et de l'archéologie, mais aussi et surtout au point de vue du progrès et de la civilisation.

Sous les derniers princes et avec le concours des trois ou quatre derniers ministres, tous hommes remarquables, la Tunisie est entrée dans une voie nouvelle et, si je n'avais pas peur d'avoir l'air de flatter en affirmant la simple vérité, je dirais que c'est surtout au premier ministre actuel, M. le général *Khéreddine*, qu'est due la prospérité toujours croissante du royaume.

CHAPITRE Ier

DESCRIPTION GÉOGRAPHIQUE

Situation. — La Tunisie est comprise entre le 32° et le 37° degrés de latitude Nord et entre le 5° et le 9° degrés de longitude Est

Superficie. — Sa superficie est d'environ 17 millions d'hectares.

Bornes. — Elle est bornée au Nord par la mer Méditerranée (golfe de Tunis), à l'Ouest par l'Algérie (département de Constantine), au Sud par la régence de Tripoli et à l'Est par la Méditerranée (golfes d'Hammamet et de Gabès.)

Elle possède plus de 600 kilomètres de côtes, aussi ses principales villes sont-elles presque toutes en même temps des ports maritimes qui, grâce aux travaux que l'on y fait, tendent chaque année à devenir plus sûrs et meilleurs.

Orographie. — Le territoire tunisien appartient au même système orographique que l'Algérie et que tout le reste de la côte barbaresque. Le grand et le petit Atlas le traversent du Sud-Ouest au Nord-Est, le premier jusqu'au cap Ras-Adar (cap Bon), et le second jusqu'au cap Sidi-Ali-el-Meki ou cap Blanc ; du Nord au Sud il est partagé par les premières collines de la chaîne qui suit la côte jusqu'en Egypte où elle s'éteint en ondulations insensibles.

Golfes et Caps. — Le cap *Négro* ; le golfe de *Bizerte* entre le cap *Blanc* et le cap *Zebib* ; le golfe de *Tunis* entre le cap *Sidi-Ali-el-Meki* et le cap *Bon* ; le golfe d'*Hammamet* entre le cap *Tusihan* et le cap *Dimas* ; le golfe de *Gabès* (petite Syrte)

Fleuves. — La Tunisie est arrrosée par quelques cours d'eau dont les principaux sont l'*Oued-Medjerda* qui passe à *Medjet-el-Bab* et se jette dans la Méditerranée. (La vallée de la Medjerda met en communication directe la Tunisie et l'Algérie ; sur tous les autres points de la frontière on est obligé de franchir les crêtes des montagnes.) L'*Oued-el-Fekka* qui se jette dans le lac de *Kairouan* (Keiroân.) l'*Oued-Zaïne* qui se jette dans la mer à quelques kilomètres de la frontière Algérienne après avoir traversé *Bedja*. L'*Oued-Milian* qui se jette dans le golfe de Tunis. L'*Oued-Djilma*, l'*Oued-Agaïre*, l'*Oued-Cherchar*, etc.

D'autres cours d'eau, rivières ou torrents, traversent le territoire, pour se jetter, soit dans la mer, soit dans les lacs et les Sebkhas.

Lacs. — Les lacs principaux sont : le lac de *Bizerte* qui communique avec la mer ; le lac de *Tunis* entre Tunis et la Goulette ; le lac de *Kairouan* dont nous avons parlé et le lac *El-Melrir*, vaste marais qui s'étend d'une part sur la Tunisie et de l'autre sur le département de Constantine.

Iles. -- Les îles principales sont : *Zembra* et *Zembretta* près du cap Bon, les îles *Kouriat* en face de Monastier, les îles *Kerkennah* en face de Sfax, les îles *Keneis* dans le golfe de Gabès et la grande île de *Djerbah* qui forme une des extrémités de ce golfe.

Climat. — Le climat de la Tunisie est très-sain, même aux approches des lacs répandus sur son territoire.

La température est plus fraîche en été et moins chaude en hiver que celle de l'Algérie. En automne, l'humidité est un peu plus forte.

Produits indigènes. -- Tous les produits de grande consommation, tels que les huiles, les céréales, les dattes, les fruits secs, la cire, les essences, la laine, les peaux, les bois et les minerais, constituent les principaux éléments de ses échanges.

La plus grande partie du mouvement commercial s'effectue par le seul port de La Goulette.

Le sol de la Tunisie est plein de ressources. En effet, sa fertilité est telle, qu'il se prête à toutes les productions : blé, orge, fèves, maïs, coton, vigne, canne à sucre, tubercules de toutes variétés. On sait ce qu'il produit d'olives, de dattes, de pistaches et autres produits d'arbres fruitiers.

On y élève un grand nombre de bêtes à cornes et de moutons. Aussi, la quantité de laine fournie par ces derniers est-elle assez considérable pour suffir aux besoins de la population et former un excédant qui se traduit par un chiffre de trois millions de francs à l'exportation.

Villes principales. — Les principales villes de la Régence sont Tunis, la capitale, *Kairouan, Sousse, Sfax, Gafsa, La Goulette, Gerba, Le Keff, La Mahédiah, Gabès, Hebja, Teboursouk, Testour, Maater, Bizerte, Porto-Farine, Tozer, Soliman, Koumbès, Hammamet, Kelibia* et *Nebel*.

Nous reviendrons sur les principales de ces villes dans un chapitre spécial.

Races et population. — Depuis les Carthaginois la Tunisie a passé sous bien des dominations ; d'abord celle des Romains, puis celle des Vandales ; Bélisaire l'annexa à l'empire de Constanstinople et les Kalifes s'en emparèrent au VII° siècle après J. C. Puis l'Islamisme a étendu son niveau sur tant de couches successives et c'est à peine si maintenant on peut retrouver quelques vestiges des temps passés dans les types modernes. Les ruines nombreuses que l'on trouve sur le sol attestent bien mieux les différentes phases de l'histoire de ce pays.

La population de la Régence est d'environ deux millions d'âmes.

En voici la répartition :

Selon les évaluations les plus dignes de confiance la population de la capitale comprend 85,000 musulmans, 25,000 israélites, *sujets du Bey* ; 13,000 Italiens, Anglo-Maltais, Portugais, etc. ; 600 Français ; 1,500 protégés Français qui se subdivisent en indigènes algériens et en israélites également algériens. Tout cela forme un total de 125.000 habitants.

On attribue :

à Soussa et ses dépendances...		35,000	habitants.
à Monastier		15,000	—
à Sfax	—	25,000	—
à Kairouan	—	10,000	—
à Tabarque	—	45,000	—
au Keff	—	25,000	—
à Bizerte	—	15,000	—
à La Goulette	—	12,000	—

Le reste se répartit entre les localités moins importantes ou entre les grandes tribus nomades qui comptent à elles seules 1,200,000 âmes.

Cette population se divise en sept races bien distinctes : 1° les Maures (*bel·li*) qui habitent les villes; 2° les Arabes (*arbi*) habitant les campagnes ; 3° les Montaguards (*gebelli*); 4° les Turcs (*tourqi*); 5° les fils de Turcs et de femmes arabes (*korougli*); 6° les Nègres (*oucif*), et 7° les Andaloux (*enndessly*), descendant des Maures chassés d'Espagne.

CHAPITRE II

—

VILLES PRINCIPALES

—

Kairouan

Chef-lieu de Kaïdat et résidence d'un Kaïa. Cette ville, dont la réputation de sainteté est répandue parmi tous les musulmans, compte environ 25.000 habitants. Elle est située au milieu d'une vaste plaine, à 25 ou 30 kilomètres du lac qui porte son nom et à environ 50 kilomètres de la mer.

Kairouan est entouré d'un mur crénelé, flanqué de batteries, le tout en assez bon état. Au delà du mur d'enceinte sont de vastes faubourgs, au milieu desquels poussent des palmiers qui donnent beaucoup de pittoresque au coup d'œil.

En sa qualité de ville sainte elle compte de nombreux édifices religieux : cinquante-cinq zaouïas ou marabouts, vingt-six mosquées, etc. La grande mosquée, d'une célébrité proverbiale, a dû être fort belle; malheureusement elle est en mauvais état.

Les environs sont assez tristes : on y voit pourtant des jardins, des tombeaux de saints ou de chefs.

On fabrique dans la ville et ses environs des

tapis, des selles et des brides pour les chevaux et des chaussures en maroquin.

L'entrée de la cité sainte n'est plus complètement interdite aux chrétiens comme autrefois, mais pourtant ceux-ci n'y peuvent encore résider, parce qu'il y pourrait surgir des conflits regrettables que le gouvernement de Son Altesse, malgré son esprit de libéralité, ne saurait prévenir ou réprimer sans froisser les préjugés invétérés dans l'esprit de ses habitants.

Soussa

La population de cette ville est de 12 à 15,000 habitants dont 2,500 juifs et 800 à 1,000 chrétiens.

La ville est enceinte d'un mur, sans épaisseur ni solidité, qui ne pourrait servir à aucune défense, pas plus que la Kasbah ; l'artillerie est insuffisante et en mauvais état. Mais elle possède un petit château-fort qui pourrait au besoin la protéger.

Le port a été jadis d'une vaste étendue et d'une bonne profondeur ; il était entouré de deux môles et protégé par un brise-lames ; mais aujourd'hui les sables ont comblé le port en partie et môles et brise-lames sont bien détériorés : aussi les navires d'un faible tonnage peuvent-ils seuls chercher un abri dans ce port.

La ville que plusieurs savants supposent être l'*Adrumète* des Anciens offre de nombreux vestiges de l'antiquité.

L'intérieur est moins attristant que ne le sont en général les autres villes. Les rues ont de l'air et du jour. Quelques mosquées et quelques arbres lui donnent un certain cachet. On y a établi depuis peu d'années un poste télégraphique.

Les environs de Soussa sont loin d'être gais à cause des bois d'oliviers qui l'entourent, enceints eux-mêmes de figuiers de Barbarie.

Les tons sombres et ternes de cette végétation donnent un air général de tristesse au pays.

Mais en même temps les oliviers font sa richesse, car il se fait à Soussa un grand trafic d'huiles pour l'exportation. Le commerce s'occupe aussi de savons, peaux et laines : peu de céréales.

Soussa est un chef-lieu de Kaïdat.

Aux environs : *Msaken* (10,000 habitants.) Ville sainte contenant de nombreuses mosquées, zaouïas et écoles. *Djemal* (8,000 habitants.)

Sfax

Port maritime; poste télégraphique; 10,000 habitants dont 1,800 israélites et environ 700 chrétiens. Sfax est entouré d'une muraille crénelée flanquée de tours, bâti en amphithéâtre ce qui lui donne. de la mer, un aspect assez imposant et un air moyen-âge qui ne manque pas d'originalité.

Le port ou plutôt le mouillage de Sfax est très-sûr quoique les navires soient obligés de jeter l'ancre à une certaine distance. Une batterie de canons pourrait, au besoin, empêcher un débarquement en cas de guerre.

Sfax ne possède d'eau que celle de ses nombreuses citernes. Malgré cela son aspect général n'est pas triste et l'on trouve des jardins agréables à l'Est de la ville, avant les faubourgs.

Les mosquées, écoles et marabouts y sont nombreux.

Le commerce de Sfax se compose presque exclusivement d'huiles, d'éponges et de dattes du Djérid : mais on fait parfois aussi un chargement d'amandes ou de pistaches.

On y trouve également des tissus indigènes en laine et en coton et de la laine en suint.

Dans les environs sont quelques villages entre autres *Mahrès*, sur la côte, dont les habitants se livrent à la pêche de l'éponge et au commerce du poisson sec.

Sfax est un chef-lieu de Kaïdat.

En face de Sfax sont les îles Kerkennah, dont nous avons parlé plus haut. On y compte plusieurs gros villages dont le principal est *Kellebin*. On fabrique dans ces villages de nombreux objets de sparterie avec l'*alfa* qui y est très-commun. Les habitants pêchent l'éponge et le poulpe (le poulpe séché est un objet de grande consommation), et construisent pour leur petit cabotage de grandes embarcations qui ressemblent tout à fait aux balancelles des côtes d'Espagne et d'Algérie.

A Kellebin réside un Khalifa qui commande aux Kherkennah pour le compte du Kaïd de Sfax.

Gafsa

Au milieu d'un désert, véritable Sahara de la Régence de Tunis, est une vaste oasis riche et fertile, d'environ 12 kilomètres carrés, située dans une gorge près du *Djebei-beni-Younès*.

Des sources nombreuses, que l'industrie du cultivateur a su diviser en une foule de canaux, donnent à cette petite contrée une richesse merveilleuse et à *Gafsa*, qui y est bâtie, un air de bonheur et de gaîté qui n'est pas habituel aux villes orientales.

Ce sol si fertile produit en abondance la datte, l'olive, l'orange et les fruits de l'Europe.

Gafsa (5,000 habitants), est entouré d'un immense jardin dont on ne peut s'imaginer la splendeur variée qu'y produisent les végétations croisées : arbres, fleurs, plantes de toutes sortes de l'Europe et de l'Afrique.

Les anciens, si forts en colonisation, n'avaient eu garde d'oublier un si bel endroit, et l'antique *Capsa*, dont les ruines se retrouvent nombreuses, est célèbre dans l'histoire des guerres de Jugurtha.

Gafsa est un chef-lieu de Kaïdat.

Inutile de dire que son commerce principal se compose de dattes, d'huiles et d'olives en fruit.

Dans un rayon assez étendu, on trouve d'autres oasis moins belles peut-être, mais qui toutes, cependant, sont riches et possèdent une ville plus ou moins importante. Nous citerons *Hamma* à l'entrée du grand désert ; *Tozer* où le Bey possède un palais ; *Nefta*. Au sud de Nefta, s'étend le lac El-Melrir que l'on nomme aussi Chott-el-Djerid : c'est une immense sebkah ou lac salé (120 kilomètres de long sur 20 à 25 de large), dont une grande partie est souvent à sec.

Gabès

Une des villes dont l'aspect est le plus agréable est, sans contredit, Gabès. Grâce aux immenses et magnifiques jardins dont elle est entourée. Les hauts palmiers, les lianes et les vignes, les bouquets d'orangers semés au milieu des maisons et des champs en font une des oasis les plus gracieuses de tout le territoire tunisien. Sa population de quelques milliers d'habitants est éminemment industrieuse et commerçante ; sa situation au fond du golfe qui porte son nom n'est malheureusement pas sûre pour les navires ; son véritable port est Teref-el-ma ; son commerce consiste en céréales, henné, garance et tissus ; on y fabrique aussi beaucoup d'eau-de-vie de palmiers.

Dans les environs on remarque de nombreux vestiges de l'antiquité et, dans un rayon de 60 à 70 kilom., quelques oasis peuplées de villages.

Les tribus environnantes possèdent de grands troupeaux dont la laine sert à la fabrication des tissus et à l'exportation.

Djerbah

Djerbah n'est point une ville proprement dite;
c'est une agglomération de bourgs situés dans la
grande île de ce nom. Leur population ajoutée à
celle des campagnes s'élève à 35,000 âmes, sur
lesquels on compte 5 à 6,000 israélites et 4 à 500
chrétiens.

Son industrie consiste dans la fabrication des
tissus de coton, de laine et de soie, ainsi que dans
la confection de la poterie commune.

Monastier

Ville maritime et fortifiée, chef-lieu de Kaïdat,
population 10,000 habitants.

Comme toutes les villes orientales, Monastier
possède de nombreuses mosquées. Les rues sont
bien alignées, le mouvement commercial assez
considérable; les environs couverts de jardins et
de maisons de campagnes sont riches et élégants,
ce qui donne à la ville un grand air de gaîté. Le
port sans être bien soigné est cependant un des
meilleurs de la côte. M. E. Pellissier pense que
Monastier est l'ancienne *Ruspina* où débarqua
César : les vestiges de l'antiquité y sont du reste
forts nombreux.

Le commerce de Monastier est le même que celui des autres villes maritimes de la Régence.

Aux environs, de nombreux villages et même quelques gros bourgs.

En face de Monastier, et à peu de distance en mer, se trouvent les îles Kouriat, dont la plus grande à reçu le nom de *Tonnara* ; on s'y livre à la pêche, notamment à celle du thon.

La Mahédiah

34 kilomètres de Monastier ; 10,000 habitants ; ruines romaines.

Le Keff

Résidence d'un Kaïa, 8,000 habitants.

Le Keff a une grande importance militaire pour la Tunisie : c'est une des places fortes situées sur la frontière algérienne. Son territoire, où jadis s'élevait la ville romaine de *Sicca-Veneria* est très-considérable ; il fournit d'immenses quantités de céréales et les nombreux troupeaux qui paissent ses pâturages permettent de faire en grand l'exportation des laines et la fabrication des burnous.

Teboursouk

2,500 habitants ; ruines romaines attestant qu'elle s'appelait autrefois *Thibursicumbure*, son territoire est riche et bien arrosé.

Bizerte

Bizerte est située entre la mer et le lac de Bizerte, qui communiquent entre eux par un canal qui traverse la ville. Cette situation lui donne un aspect particulier ; la ville est entourée de murailles qui pourraient former, avec le bord de la mer, une très-bonne défense. Malheureusement pour la ville, le petit golfe au fond duquel elle est située est très-dangereux, de sorte que les navires ne peuvent s'y risquer que par les temps calmes.

Porto-Farine

Ce petit port est dans une situation presque analogue à celle de Bizerte. Il se trouve au fond d'une baie formée par le golfe de Tunis. Le voisinage de la capitale et de La Goulette est très-préjudiciable à sa prospérité.

La Goulette

La Goulette peut être classée au second rang sous le rapport du nombre des habitants, qui est à peu près de 12,000. Chaque année les constructions s'y multiplient en dehors de son enceinte militaire.

La Goulette est, pour ainsi dire, une ville européenne. Dans la saison d'été, lorsque S. A. le Bey et sa cour viennent y résider pour prendre les bains de mer, l'animation y est extrême. Son port que l'on se propose d'améliorer et de garantir des vents traversiers de l'Est et de l'Ouest, au moyen du prolongement de sa jetée actuelle, deviendra l'un des plus sûrs de la côte d'Afrique.

Les bâtiments à vapeur mouillent à environ 400 mètres de l'entrée du petit canal qui divise en deux parties la ville. Des bateliers maltais ou italiens se chargent de transporter les colis et les voyageurs jusqu'à la douane d'abord ; puis, de ce point jusqu'au quai sur lequel est situé le vice-consulat de France, puis enfin à la gare

S. Exc. le khaznadar, M. le général Khéreddine, possède à La Goulette des résidences d'un luxe inouï et d'une richesse vraiment royale.

C'est par La Goulette que se fait tout le commerce, non-seulement de Tunis, mais d'une grande partie de la Régence. Le chemin de fer, nouvellement créé, lui donne plus d'importance et plus d'animation que jamais.

On peut visiter l'arsenal. la caserne, les palais et jardins, les douanes, la maison d'exécution ; — les dames peuvent quelquefois visiter un harem — dans les environs, les lacs, au-dessus desquels volent par centaines de magnifiques flamands roses.

On peut aller de Tunis à La Goulette de trois façons différentes :

1° En calèche en faisant un long détour. Fort jolie promenade. Prix : 5 fr. ;

2° Par le chemin de fer (V. renseig. gén.) ;

3° En bateau par le canal et le lac El-Bahira. Prix : 3 fr. (V. renseig. gén.) ;

Si l'on désire s'arrêter à La Goulette pour visiter la ville, les ruines de Carthage qui n'en sont éloignées que de trois kilomètres, et les magnifiques résidences du khaznadar et du général Khéreddine, on devra descendre à l'hôtel.

On trouve à La Goulette, un bureau de poste, un service télégraphique, puis des cafés, épiceries, boulangeries, pharmacies, etc., etc. Des calèches de place y stationnent en grand nombre.

CHAPITRE III

—

TUNIS

—

Lorsqu'on a pris la voie du lac, le bateau qui vous transporte accoste à *La Marine* et vous y dépose. On nomme ainsi un enclos d'assez vastes proportions, formé de terres de rapport soutenues par des pilotis et dans l'enceinte duquel on met à terre toutes les marchandises qui doivent être soumises à la visite de la douane dont les bureaux sont établis sur ce point. De nombreuses barraques, soigneusement construites, sont groupées symétriquement sur le côté droit de la chaussée conduisant à la grande grille qui ferme ce terre-plein du côté de Tunis, pour faire obstacle à la contrebande.

Après avoir franchi cette grille, ouvrage de serrurerie moderne, on débouche sur un boulevard de 800 mètres de longueur, bordé de contre-allées plantées d'arbres, et le long duquel s'élèvent, de distance en distance, quelques maisons de construction européenne.

A l'extrémité gauche de cette belle avenue et vis-à-vis d'un long mur qui sert de clôture au cimetière Saint-Antoine, on remarque l'hôtel de la légation de France, édifice de grande apparence, composé d'un corps de logis principal en retrait sur une cour d'honneur et flanqué de deux pavillons dans lesquels sont installés les bureaux et les logements des officiers consulaires.

Immédiatement après le Consulat, commence une double rangée de maisons, qui se continue jusqu'à la porte de la ville. La plus belle de ces habitations, celle qui forme l'angle d'une rue qui la sépare du consulat de France, appartient à la famille du célèbre Ben-Ayet. Le rez-de-chaussée en est occupé par un café italien, lieu de rendez-vous de tous les artistes qui composent la troupe du théâtre. A cent mètres environ de ce café, toujours à gauche en marchant vers la ville, est la régie des tabacs, reconnaissable à son double perron recouvert d'une toiture toute orientale, soutenue par des colonnettes peintes.

En face du café italien, entre deux habitations particulières dont la plus remarquable est celle qui appartient à M. le directeur du service des poudres, se trouve le théâtre européen, dont il sera fait plus spéciale mention plus loin.

L'emplacement qui est vis-à-vis la régie des tabacs, est destiné au stationnement des voitures de transport; mais il sert aussi de marché pour la vente aux enchères de vieux effets à usage, de fusils, de tromblons, etc., etc. Le matin, vers 8 heures, l'affluence y est assez considérable.

Lorsqu'on a dépassé ce marché de la régie des tabacs, on a devant soi l'ancienne porte de la partie basse de la ville. Les constructions se rapprochent et consistent pour la plupart en échoppes de serruriers, de marchands de pain, en écuries particulières, etc. Le marché au poisson, ou pour mieux dire, le trottoir sur lequel on en amoncelle des chargements énormes, se trouve sur le côté gauche de cette rue, à quelques pas de l'entrée de Tunis.

A cet endroit on a abattu l'ancien mur d'enceinte, long de plusieurs kilomètres, pour construire la rue des Maltais.

Cette rue des Maltais a donc remplacé l'ancien rempart sur une étendue de six kilomètres. Comme elle aboutit, au nord, à la route du Bardo et de La Goulette ; au sud, à la route de Soussa et de toutes les villes situées dans cette direction, le mouvement, l'animation et l'encombrement y sont extrêmes.

Dès quatre heures du matin, des milliers de chameaux, de mulets, d'ânes, de chevaux, commencent à déboucher des portes de la partie sud, pour se diriger vers les différents fondouks ou caravansérails qui doivent recevoir leurs chargements spéciaux. Bois, charbon, chaux, légumes, monstrueux fagots pour les bains et pour les fours, grappes de volailles, couffins bondés de fruits, paille de maïs, poterie grossière, tous les approvisionnements nécessaires à une grande ville arrivent à la fois. Ce spectacle est vraiment curieux.

Mais pour se faire une idée du bruit et du désordre qui règnent aux abords de la porte principale de la partie basse de la ville, il faut se représenter ces milliers d'animaux arrivant de deux directions à la fois et s'entrecroisant à ce point de rencontre avec des charrettes, des calèches, des hammals et la foule compacte qui sort de la ville pour aller s'approvisionner dans les fondoucks.

Ce n'est que vers les onze heures que tout ce tumulte s'apaise.

Cependant nous venons de franchir la porte et nous pénétrons sur une place autrefois de forme irrégulière, mais qui, aujourd'hui, présente la régularité d'un quadrilatère : c'est la *Place de la Marine* ou des Européens.

Tout le bas quartier est le centre du commerce et de l'activité européenne.

Lorsqu'on est venu de La Goulette à Tunis, en calèche, on entre dans la ville par la porte dite *Bab-el-Khodra*, et l'on suit toute la rue des Maltais, jusqu'à la porte de la place que nous venons de décrire.

Comme cet ouvrage s'adresse aussi bien aux voyageurs qu'aux personnes qui désirent se fixer pour quelque temps à Tunis, nous indiquerons aux uns, les hôtels dans lesquels il convient de descendre, et aux autres, les moyens de s'installer convenablement aux meilleures conditions possibles.

L'hôtel d'Orient, situé dans la rue Sidi-bou-Mendil près de la Bourse, est un établissement fort bien tenu. On y mange dans une salle commune. L'ameublement est moderne et propre ; le linge bien blanc, la cuisine toute française. Les chambres ont une vue fort étendue et des plus agréables sur les campagnes environnantes, le lac et les collines qui leur servent de ceinture du côté de La Goulette.

Lorsqu'on est en famille, on peut prendre des arrangements particuliers avec M. Philippe Michel, propriétaire et directeur de l'établissement. C'est dans cet hôtel que descendent toutes les notabilités, les riches étrangers, les amateurs du confortable, ainsi qu'en témoigne le *Livre des Voyageurs* de M. P Michel, où se trouvent les noms les plus illustres.

Un autre hôtel que nous nous faisons un devoir d'indiquer au voyageur est l'*hôtel Bertrand*, rues Sidi-bou-Mendil et des Consuls Cet établissement rivalise avec le précédent pour la bonne tenue, le service et la table, rivalité justifiée par la vogue de l'un et de l'autre. (Pensions et arrangements particuliers). Comme l'hôtel d'Orient, l'hôtel Bertrand a l'honneur d'accueillir souvent les sommités aristocratiques qui visitent Tunis, aussi rien n'y est-il négligé pour satisfaire aux exigences d'une si riche clientèle.

Les établissements que nous venons d'indiquer ne sont pas les seuls de la ville. Il en existe plusieurs autres d'un ordre tout à fait secondaire et que, pour cette raison, nous ne voulons pas recommander à nos lecteurs.

Pour les personnes qui ont l'intention de se fixer pendant quelques mois dans la capitale de la Régence, la vie d'hôtel est nécessairement trop onéreuse. Il faut alors chercher à se loger soit chez des particuliers qui peuvent disposer de quelques chambres, soit dans un appartement que l'on devra meubler à peu de frais.

A vrai dire, cette double recherche n'est pas difficile Le prix d'un appartement de trois à quatre pièces ne s'élève pas au delà de 60 fr. par mois.

On peut même avoir pour ce prix une petite maison entière. Les cicerones ou courtiers sont d'excellents limiers pour ces sortes d'affaires

Si l'on veut faire la cuisine chez soi, on trouve très-aisément des jeunes filles italiennes ou maltaises pour s'acquitter de ce soin. Une femme de ménage se paie de 10 à 15 fr. par mois; une cuisinière de 30 à 40 fr.

Quant aux meubles on peut en acheter de neufs ou d'occasion. Ces derniers se vendent sur la place publique, ordinairement dans la matinée. Presque tous sont de fabrique italienne. Les meubles neufs se trouvent dans les magasins.

Les rues n'ayant pas d'écriteaux, les maisons pas de numéros, et tous les quartiers de la ville formant des labyrinthes composés de dix fois plus d'impasses que de voies qui aboutissent, il faut une grande pratique de la topographie locale pour ne point s'égarer dans leur inextricable réseau, ne se trouvât-on qu'à cent cinquante mètres des endroits les plus fréquentés par les Européens.

Un voyageur nouvellement arrivé, devra donc se pourvoir d'un guide pour pénétrer dans les artères reculées de la ville. Si l'on a des relations avec quelque officier consulaire, on aura recours à son obligeance pour obtenir de se faire accompagner par un janissaire du consulat de sa nation.

Ce guide devra d'abord vous faire visiter les *djamâ* (mosquées). La principale est la *djamâ Zitouna* (mosquée de l'Olivier), remarquable par ses très-nombreuses et très-élégantes colonnes. Puis la *djama Sahab-et-Taba* (mosquée du Chancelier), remarquable par ses colonnes et ses beaux marbres provenant de ruines romaines. Puis enfin la mosquée de *Sidi-M'haraze* qui est une des plus imposantes de Tunis. On ne devra pas négliger de la voir, à l'extérieur bien entendu, car pour entrer dans tous les lieux consacrés au culte il est nécessaire d'obtenir un *amra-bey* (permission de Son Altesse).

De là, le guide vous conduira dans la région des bazars. On s'arrêtera dans le *Souq-el-Attarine* (Bazar des Parfums) pour jeter un coup d'œil sur la cour de la grande mosquée de l'Olivier, dont une des portes principales s'ouvre sur ce bazar. On verra ensuite le *Souq-el-Teurq* (marché turc), le *Souq-el-Bey* et le *Souq-el-Berka*, dans lesquels se vendent les bijoux et les objets de prix que des nécessités pressantes, toujours fréquentes en ce pays, livrent aux mains des encanteurs (*dellaline*) autorisés à les mettre aux enchères. C'est dans la matinée, de 8 à 11 heures, qu'il est intéressant de se transporter sur ces lieux. La vente y est alors dans toute son animation, et la foule y est si compacte, qu'on a toute les peines du monde à circuler. De 1 heure à 3 heures, quelques rares magasins restent ouverts. A partir de 3 heures, les bazars sont déserts.

Le voyageur trouvera dans ces bazars tous les produits du pays, burnous, chachias, couvertures de laine, babouches, armes, essences, bijoux, meubles peints, lanternes, etc.; mais il devra être d'une grande circonspection dans ses achats, s'il ne veut prendre pour des objets indigènes et payer un prix fou des objets venant de France ou d'Angle-terre.

La monnaie ayant le cours le plus facile est la monnaie française, or, argent et billion.

On profitera de l'après-midi pour visiter le *Dar-el-Bey*, palais situé dans cette même région et qui est affecté à la résidence du souverain lorsqu'il vient passer ses journées pendant la durée du Ramadan. On se fera montrer la croisée dans l'avant-corps de laquelle Son Altesse a l'habitude de se placer pour assister à la vente aux enchères des objets d'art et de luxe, dont on a grand soin de faire passer sous ses yeux les spécimens les plus remarquables.

De là, on se rendra à l'ancienne Casbah, aujourd'hui convertie en manufacture de poudre et l'on pourra clore sa journée en allant prendre une tasse d'excellent café sur l'esplanade où se trouve le quartier du 4ᵉʳ régiment d'infanterie. La vue dont on y jouit est une des plus étendues que l'on puisse avoir sur le lac et tous ses environs.

Avant de quitter le *Dar-el-Bey* et la Casbah, ne pas oublier d'examiner l'extérieur d'une mosquée dont l'architecture trahit à la fois l'origine et l'affectation primitive. Eglise sous Charles-Quint, elle est devenue mosquée aujourd'hui. Les deux minarets qui en concluent les angles, étaient les clochers de cet édifice religieux.

La place sur laquelle est construite la grande maison de ville du premier ministre mérite d'être vue. Elle est située dans un quartier fort éloigné, entièrement peuplé d'indigènes. C'est le quartier des teinturiers, des marchands de poterie et des nattiers.

Les cimetières sont presque tous en dehors de la ville. Toutefois, il en est un qui est compris dans son enceinte ; c'est celui où l'on dépose la dépouille mortelle des Beys. Il est intéressant de le visiter.

Ce qu'il y a aussi de très-curieux pour le touriste, c'est d'aller voir rendre la justice du gouverneur de la ville à la *dribah* (palais de justice). Le gouverneur, M. le général Sélim, accueille très-courtoisement les étrangers qui s'adressent à lui.

Tel est le bilan à peu près complet des lieux qui doivent attirer l'attention des voyageurs. N'omettons pas cependant de leur signaler encore la fontaine dont le bassin souterrain sert de point d'arrivée et de distribution dans la ville, de la masse d'eau fournie par le grand aqueduc de Zaghouan ; ce travail magnifique a coûté près de dix millions au gouvernement du Bey actuel, qui l'a fait restaurer dans son étendue de 125 kilomètres.

Néanmoins, profitant de ce que l'on possède un guide, on se fera conduire par lui à différents endroits que nous allons décrire rapidement.

D'abord aux différentes portes de la ville, dont plusieurs sont curieuses, notamment *Bab-Es-Souika*, où de temps immémorial se font les exécutions judiciaires, et *Bab Djezira*, en dehors desquelles se trouvent le tombeau de Si-Bel-Hassen-Chadeli, et la kouba de la célèbre sainte Lalla-Manouba.

Puis aux casernes (*Kachlat.*)

Nous avons parlé plus haut des rues, places et

édifices publics. Nous avons mentionné aussi les différentes mosquées, les plus dignes d'attention. Quand on aura visité la bibliothèque, les fontaines et les marchés on aura vu de Tunis tout ce qu'il est possible d'en voir.

Lorsque l'on songe que les ruines de Carthage ont servi de carrière aux architectes des grands édifices de Tunis, on est naturellement conduit à croire qu'il existe une foule de monuments épigraphiques, de chapiteaux antiques, mêlés aux autres matériaux qui sont entrés dans la construction de ces édifices et, par conséquent, parfaitement reconnaissables à la seule inspection d'un connaisseur quelque peu versé dans la connaissance de la science archéologique. Il n'en est rien; et l'examen le plus attentif des murs, des remparts, des bastions, des colonnes servant de supports aux voûtes qui traversent les rues, n'offrent aucun résultat heureux. Dans une étroite ruelle du quartier des israélites, il existe un dé ou tambour d'une colonne militaire antique qui fait partie du chambranle de la porte d'une zaouïa musulmane. Comme ce tambour est renversé et que l'inscription est presque fruste, il est impossible de la déchiffrer. Deux grandes lettres sont seules apparentes, L X C'est là, l'unique débris qui puisse s'offrir à la vue des amateurs de ces sortes de choses. Mais, ce que l'on ne peut voir qu'avec un amra-bey, ce sont de magnifiques colonnes de marbre et de porphyre, des nuances les plus riches et qui proviennent toutes de la Carthage reconstruite par les Romains. Ces colonnes se trouvent dans les mosquées et particulièrement dans la mosquée de l'Olivier qui, à elle seule, en possède plus de cent cinquante.

On trouvera dans la rue de l'Eglise, un peu plus haut que l'établissement dans lequel on confectionne les effets de la troupe, un petit magasin de curiosités, tenu par un maure. Il n'est pas impossible d'y faire quelquefois d'assez heureuses trouvailles.

Les distractions ne sont pas nombreuses à Tunis, et pour y passer le temps le plus agréablement possible, il faut chercher à s'y créer des relations dans la société européenne. En dehors de ces relations et des plaisirs que peuvent procurer des parties de chasse et de pêche, il est des heures assez longues qui deviendraient fort pesantes si elles ne trouvaient leur emploi dans les causeries du Casino, les représentations théâtrales et la lecture des ouvrages nouveaux.

Moyennant une faible rétribution mensuelle on est admis, sur la présentation d'un ami à faire partie du Cercle ou Casino. situé sur la *Place de la Marine* et dans lequel ou trouve les principaux journaux d'Europe.

Le *Café Français* de la rue Sidi bou Mendil est aussi un établissement à recommander. Le cabinet de lecture est à côté de ce café Il est tenu par des Français, MM. Huc frères; les ouvrages français s'y trouvent en majorité. On est libre de s'abonner au mois ou au volume.

Le théâtre est un petit bâtiment ayant à l'extérieur toute l'apparence d'une maison particulière;

mais dont les dimensions permettent de donner place à 500 personnes. Les loges y sont, au nombre de trente disposées sur deux rangées de quinze.

En été, on y joue des drames et des vaudevilles italiens. En hiver, des opéras italiens. Une loge de première a quatre places, coûte 600 piastres pour quarante-huit représentations, soit 12 piastres (7 fr. 20) par soirée. Si l'on n'est pas abonné, le prix est plus élevé. On ne joue guère plus de quatre opéras pendant la durée de la saison théâtrale d'hiver.

Il ne faut pas prendre à la lettre la qualité de négociant que prennent toutes les personnes qui se livrent au commerce Dans le nombre, il en est beaucoup qui n'ont jamais expédié ni reçu de chargement d'une denrée quelconque. La plupart se bornent à spéculer sur les variations du change; d'autres sur les bons du Trésor (téskéres); d'autres, enfin, consentent des prêts à un intérêt plus ou moins élevé sur des nantissements de bijoux d'un très-grand prix, que les déposants ne peuvent jamais dégager et qui deviennent ainsi la propriété du prêteur.

Cette industrie du prêt sur gages est presque générale à Tunis; il n'est pour ainsi dire pas de commerçant qui ne l'exerce journellement sur une échelle proportionnée avec les capitaux dont il peut disposer pour cet objet. On en comprend tous les avantages ; mais ce que l'on ne conçoit point c'est qu'il ne se soit pas encore formé de société, au capital convenable, pour obtenir l'autorisation d'établir un Mont-de-Piété.

Si le nombre des vrais négociants n'est pas élevé, celui des commerçants est, en revanche, très-considérable. La plupart sont des Italiens ou des Anglo-Maltais. Toutes les industries sont dans leurs mains : épiceries, quincailleries, merceries, confection d'habits, de chaussures, de coiffures, fabriques de pâtes, de lampes, bijouterie, horlogerie, etc , etc. En fait d'établissements tenus par des Français, on compte des boulangeries, magasins de vin, confiseries, une pharmacie, deux ateliers photographiques. Il y a également deux modistes. Les bazars d'objets divers sont tenus par des Italiens; mais leurs marchandises sont françaises.

Nous recommanderons aux voyageurs ou aux touristes des deux sexes, les chaussures confectionnées sur les lieux. Elles sont remarquables autant par leur élégance que par leur solidité et leur bas prix.

Environs de Tunis

Il faut commencer par visiter *le Burdo* qui est relié à la ville par un chemin de fer bordé d'arbres sur chacun de ses côtés. C'est la résidence du souverain de la Régence.

Pour être admis à pénétrer dans l'intérieur du palais, il convient de profiter de l'absence du Bey qui réside pendant près de huit mois à La Goulette. En s'adressant au colonel qui a la charge de gouverneur du Bardo et qui ne quitte jamais ce palais, on obtient facilement la permission d'en visiter les principaux appartements. MM. les consuls peuvent aisément procurer ce plaisir à leurs nationaux.

Nous recommanderons particulièrement aux voyageurs la *salle des glaces* et la *salle du trône*, dans laquelle se trouvent des toiles très-remarquables offrant l'image en pied des principaux souverains de l'Europe.

On demandera l'autorisation de voir les magnifiques propriétés du premier ministre, M. le général Khéreddine, (1) à une demi-lieue environ de ce palais, dans le quartier de la Manouba qui contient d'autres fort belles propriétés appartenant à de hauts personnages de la régence.

Cette triple excursion exige l'emploi de toute une journée.

On en consacrera une autre à faire une tournée au village de l'*Ariane,* situé à environ deux lieues de la ville, et où sont groupées les charmantes habitations d'été de MM. les généraux Elias Mussali, Bog. Bacouche, du comte Raffo et de M. Rousseau-Gnecco.

La troisième journée pourra être donnée à la visite du village de la *Marsa,* éloigné d'à peu près huit kilomètres de la ville de La Goulette. La *Marsa* est en quelque sorte le Passy ou le Ville-

---

(1) On remarquera dans le palais et dans le parc du premier ministre une foule d'objets curieux provenant des ruines de Carthage, rassemblés et classés par ce haut dignitaire.

d'Avray de Tunis. Les principaux négociants européens y possèdent des propriétés dans lesquelles ils vont passer les longs mois de la saison des chaleurs. On visitera à la Marsa le palais splendide et les somptueux jardins de M. Ali-Bey, Bey du camp de Son Altesse Cette promenade peut se faire fort aisément en un jour. Le chemin de fer mène les voyageurs de Tunis à la Marsa en 30 minutes et de la Goulette à la Marsa en 10 minutes.

Non loin de la Marsa et pittoresquement posée sur un rocher surplombant la mer, se trouve la ville sainte de *Sidi-bou-Saïd*. De ce lieu l'on découvre un des points de vue les plus admirables qu'il soit donné de contempler.

A une heure de là environ, l'on peut voir le village de *Gamartza*, au-dessus duquel est la *nécropole*. On y a découvert une centaine de tombeaux antiques. On peut les visiter et même y pénétrer.

De toutes les ruines carthaginoises, la nécropole est peut-être ce qu'il y a de plus curieux et de plus intéressant pour le touriste.

L'excursion à *Carthage* (Carthada la Neuve), pour qu'elle soit quelque peu fructueuse demande plus de temps : nous conseillerons aux visiteurs de partir de Tunis par le premier train du matin ou de profiter du premier départ du bateau à vapeur pour se rendre à La Goulette. Ils se feront conduire en calèche sur l'emplacement de la rivale de Rome, et, l'ouvrage et le plan du capitaine Falbe à la main, ils pourront assez facilement reconstruire, par la pensée du moins, les grands édifices qui couvraient l'acropole de cette ville, et saisir les linéaments principaux de ses anciennes divisions et de son enceinte. On fera bien de lire aussi, avant de s'y rendre, le roman de Gustave Flaubert, *Salammbo*, qui contient une foule de renseignements exacts sur les usages, mœurs, coutumes des Carthaginois avant la conquête romaine, ainsi que les ouvrages de M. V. Guérin et de M. E. Pélissier sur la régence de Tunis.

Sur l'emplacement du port creusé de mains d'hommes, et aujourd'hui comblé, d'où partait Annibal, en vue de la chapelle Saint-Louis, construite sur les ruines du temple d'Esculape, s'élève, au milieu d'un jardin superbe, un splendide palais italien, de construction toute récente. Ce palais est la résidence de l'ancien premier ministre, Si Mustapha. Il conviendra de solliciter la faveur d'être admis à visiter ce jardin curieux à plus d'un titre. Enfin il ne faudra pas négliger de voir la chapelle Saint-Louis, lieu remplis de touchants souvenirs.

La chapelle Saint-Louis fut construite, en 1841, sur la colline la plus proche de La Goulette, où vint mourir, en 1270, le roi de France Louis IX, lors de la croisade. Autour de la chapelle Saint-Louis se trouvent des ruines et des inscriptions nombreuses provenant de la Carthage romaine (Byrsa). Près de la mer existent encore des citernes.

Non loin des ruines de Carthage, M. le général Khéreddine a su faire quelque chose de féérique avec rien : à force de persévérance et de soins, il a réussi à transformer des dunes de sable marin en un parc admirable, où des arbres de toutes les essences, de tous les climats du nord vivent et prospèrent dans une confraternité charmante avec leurs collègues des régions aimées du soleil. Ce tour de force entrepris en vue d'affirmer la supériorité des méthodes savantes sur l'insouciance et les procédés grossiers, fait le plus grand honneur à cet homme d'état; car il n'est pas douteux que son initiative toute patriotique ne porte les plus heureux fruits en multipliant le nombre des imitateurs.

Là encore il a su grouper les restes précieux attestant l'ancienne splendeur de Carthage. et ses immenses et riches collections font autant d'honneur à l'homme de goût véritable qu'à l'antiquaire distingué.

Dans le nombre des promenades à faire aux environs de Tunis, nous ne comprendrons pas les excursions de Tebourba, de Bizerte et de Hammamlif, parce qu'elles constituent presque des voyages qui exigent au moins soixante heures d'absence. Néanmoins, ce sont des points à visiter parce que l'un est remarquable par sa grande fabrique de draps et sa situation sur la belle rivière de la Medjerda ; le second, par son lac et ses pêcheries ; le troisième, enfin, par des sources d'eau thermales qui produisent des effets merveilleux dans la cure de certaines maladies.

Les prix des voitures pour toutes ces excursions, est de 10 à 12 fr. par jour.

Il est prudent lorsqu'on est seul à cheval, de porter constamment une arme avec soi. Ce n'est pas qu'on ait rien à appréhender de la part des habi-tants des campagnes que l'on traverse; mais il peut se trouver par les routes et surtout aux appro-ches de la nuit, des maraudeurs qui n'ont ni feu ni lieu et qui ne se gêneraient nullement pour vous dévaliser s'ils vous savaient désarmé.

CHAPITRE IV

—

GOUVERNEMENT

—

Armée, Marine

Le prince régnant est S. A. le Bey Si-Moham-
med-el-Sadoq.

La forme du gouvernement tunisien est une
autocratie pure. Le souverain est le maître absolu
du pays Il dispose à son gré du domaine de l'Etat,
de ses revenus, de l'armée, de la marine, etc.

A la tête du ministère est placé le premier ministre qui est à la fois président du Conseil et ministre des affaires étrangères. Ce haut fonctionnaire
prend le titre de *Khaznadar*.

M. le général Khéreddine, qui est depuis peu in-
vesti de ces triples fonctions, personnifie toute l'autorité gouvernementale de la Régence. Son crédit
est immense; son intelligence est au niveau de son
crédit

Ses manières, sa courtoisie parfaite pourraient
être enviées par plus d'un de nos diplomates. Ses
lumières sont appréciées dans toute les cours de
l'Europe par les personnages les plus éminents.

La cour de Tunis a adopté notre costume, nos
habitudes et nos usages.

Le gouvernement lui-même tient à donner

l'exemple de la plus large tolérance, et à se faire l'initiateur de nos idées civilisatrices en prenant des fonctionnaires européens, quelques-uns catholiques.

L'armée régulière comprend cinq régiments d'infanterie, deux régiments d'artillerie et un seul escadron d'escorte ; en tout de 10 à 12,000 hommes.

Les troupes irrégulières se composent de 5 à 6,000 kourouglis, de 2,000 zouawas et de 4,000 spahis.

Les officiers généraux et supérieurs de l'armée régulière sont au nombre de 38, savoir : 5 généraux de division, 5 généraux de brigade, 8 colonels, 8 lieutenants-colonels, 8 gros-majors, 24 chefs de bataillon.

La marine est commandée par un vice-amiral, un contre-amiral, 3 capitaines de vaisseau, etc. La flotte se compose d'environ 15 navires de guerre portant 120 canons, 2000 hommes d'équipage et un grand nombre d'officiers.

Administration

Comme nous l'avons dit plus haut S. A. le Bey de Tunis est un souverain autocrate et de plus indépendant, car la suprématie de la Turquie est purement nominale. Le vice-roi actuel est S. A. *Mohamed el Sadoq*, monté sur le trône en avril

1868 (27 safar, an 1276 de l'hégire.) L'héritier présomptif ou *bey du camp* est le prince *Sidi Ali*.

Le vice-roi gouverne avec l'aide d'un conseil composé du *Khaznadar*, ministre des affaires étrangères et Président du conseil, le ministre de la guerre, le ministre des finances et celui de l'intérieur.

Sous les ordres du Bey et de son premier ministre, le Khaznadar, une foule d'officiers et d'employés (parmi lesquels on compte un grand nombre d'européens), administrent la régence, perçoivent les impôts, etc. En premier lieu, le *Sahab-Taba*, sorte de grand-chancelier, et l'*Agah*, ou général commandant les troupes.

Le *Bey du camp*, titre que prend toujours l'héritier présomptif du trône, est chargé de l'administration de la guerre; plusieurs fois dans l'année il procède à une expédition pour l'inspection de la régence et la levée des impôts.

Les *Kaïas* ou chefs militaires secondaires sont sous ses ordres; il y en a quatre dont les résidences sont : Bizerte, Le Keff, Gabès et Kairouan.

L'administration des districts ou provinces est confiée à des *Kaïds*, lesquels, bien souvent, résident à la Cour du Tunis et laissent l'exercice de leur pouvoir à des *Khalifas*.

Telle est l'administration générale de la régence pour les villes et les centres de population. Quant aux tribus, comme en Algérie, elles vivent sous la tente et, comme dans notre colonie encore, elles possèdent les mêmes institutions sous les ordres d'un *Cheik*.

Religion, Instruction, Justice.

La Tunisie appartient toute entière à l'Islamisme sous ses deux formes principales : le rite *hanéfi* et le rite *maléki*. Les mosquées sont, comme on a pu le voir, très-nombreuses. Comme dans tous les pays orientaux on trouve à chaque pas des tombeaux de saints ou marabouts ; les *muphtis*, comme partout, ont une grande influence sur les esprits et c'est eux, en général, qui s'occupent de l'instruction.

Le chef du clergé, un grand personnage qui porte le titre de *cheik-el-islam*, est le bach-muphti du rite maléki.

Bien que les écoles arabes soient très-nombreuses, l'instruction, même élémentaire, est peu répandue. Elle l'est davantage dans les villes et particulièrement à Tunis, parce que les chefs de famille comprennent la nécessité d'en donner à ceux de leurs enfants qu'ils destinent à occuper des emplois publics. Les ministères ayant besoin de beaucoup d'écrivains, les jeunes gens quelque peu lettrés trouvent aisément à y faire carrière. Tout le personnel de ces administrations, sauf de rares exceptions, est habillé à l'européenne.

Les ministres des cultes étrangers jouissent d'une sécurité complète et d'une liberté non moins grande. Il en est de même de la population chrétienne. Habitué que l'on est dans nos pays d'Eu-

rope à se trouver partout en présence de régle-
ments, d'inhibitions et d'obstacles administratifs
de tous genres, on demeure étrangement surpris
lorsqu'on pose le pied sur cette terre, prétendue
barbare, de ne se heurter contre aucune de ces
barrières que la civilisation oppose au libre jeu
de notre volonté.

On est aussi indépendant à Tunis qu'on l'est
aux Etats-Unis : nous croyons même qu'on l'est
davantage. Vous pouvez y former tel établissement qu'il vous plaît sans autorisation préalable ;
vous chassez, vous pêchez quand bon vous sem-
ble dans tel lieu ou telle saison que ce soit. Pourvu
que vous gardiez l'alignement, vous démolissez et
reconstruisez votre immeuble selon vos particulières convenances, sans qu'il soit nécessaire de
papier timbré et d'immixtion d'un agent-voyer
quelconque. La police ne s'occupe que de la
recherche des malfaiteurs.

La justice est entre les mains des *Kadis*, mais ils
ne jugent guère qu'au civil ; quant au criminel la
connaissance des délits et l'application de la loi
sont presque toujours réservées aux Kaïds et à
leurs subordonnés. L'appel des jugements des
Kadis se fait auprès du muphti.

Mais pour quelque crime que ce soit, même pour
le meurtre, la justice et la religion musulmanes
permettent les compensations en argent.

Ainsi qu'on peut le voir ces institutions laissent
beaucoup à désirer, comme toutes celles qui ont
pour base unique la Coran et que l'on ne cherche
pas à améliorer. Mais heureusement une impulsion

libérale et bien entendue est donnée au pays par
ses gouvernants. Dans l'*Introduction* du remarquable ouvrage publié à Paris, en 1868, sous le
titre de : *Réformes nécessaires aux Etats musulmans*, M. le général Khéreddine s'exprime ainsi :

« Je veux réveiller le patriotisme des Ulémas
» et des hommes d'Etat musulmans, et les en-
» gager à s'entr'aider dans le choix intelligent des
» moyens les plus efficaces pour améliorer l'état
» de la nation islamique, accroître et développer
» les éléments de sa civilisation, élargir le cercle
» des sciences et des connaissances, augmenter la
» richesse publique, par le développement de
» l'agriculture, du commerce et de l'industrie, et
» pour établir, avant tout, comme base princi-
» pale, un bon système de gouvernement d'où
» naisse la confiance qui produit à son tour la
» persévérance dans les efforts et le perfectionne-
» ment graduel en toutes choses, tel enfin qu'il
» existe aujourd'hui en Europe.

» En second lieu, j'ai écrit mon ouvrage pour
» détromper certains musulmans fourvoyés, qui,
» fermant les yeux sur tout ce qu'il y a de louable
» et de conforme aux enseignements de notre
» propre loi théocratique chez les peuples d'une
» religion différente de la nôtre, se croient, par
» suite d'un funeste préjugé, dans l'obligation de le
» dédaigner et de ne pas même en parler, et consi-
» dèrent comme suspects ceux qui approuvent ce
» qu'il y a de bon comme système ou comme
» institution chez les non musulmans. Cela pris
» dans un sens absolu est la plus grande des

» erreurs; car si ce qui vient du dehors est bon
» en soi et conforme à la raison, particulièrement
» s'il s'agit de ce qui a déjà existé chez nous et
» nous a été emprunté, non-seulement il n'y a pas
» de raison pour le repousser et le négliger, mais,
» au contraire, il y a obligation de le recouvrer
» et d'en profiter. »

Finances. Agriculture, Commerce
et Industrie.

De grandes améliorations ont été apportées depuis quelques années aux finances de la Régence : malgré cela le Trésor est dilapidé par les employés subalternes chargés de la perception des impôts, bien que les efforts du gouvernement et surtout ceux du Khaznadar actuel tendent chaque jour à réprimer ces abus. Les impôts principaux sont :

1° Le *kanoun*, impôt sur les oliviers ;

2° L'*erba*, impôt sur l'industrie et le commerce;

3° L'*achour*, impôt de la dîme.

Un des abus dont nous parlions plus haut a été la funeste habitude qu'avaient les souverains d'affermer tel ou tel mode de contribution. Cet état de choses nuisait aux habitants sans profiter, certes, au gouvernement; seuls les fermiers en retiraient de gros bénéfices : mais aussi arrivait-il souvent que les Beys importunés des plaintes sans cesse renaissantes contre ces derniers, leurs enlevaient, grâce à leur pouvoir suprême, une fortune acquise aux dépens des populations et les remplaçaient par d'autres titulaires qui recommençaient les exactions de leur prédécesseurs.

Les revenus de l'État y compris ceux du domaine public s'élèvent à environ 25 millions; mais il est hors de doute que bientôt; grâce à la sage et prévoyante administration de son excellence M. le général Khéreddine, ces revenus s'augmenteront dans une proportion considérable.

L'agriculture dans la régence de Tunis est assez en retard, aussi, malgré l'excessive richesse de certaines parties du territoire, ne produit-elle pas autant qu'on pourrait l'espérer. Elle consiste surtout dans la culture des céréales, des oliviers, des palmiers, et dans l'élève du bétail de race ovine.

L'industrie est encore moins développée que l'agriculture; elle livre au commerce des tissus, de la sparterie, du henné, de la peausserie, etc., qui, joints au produit de l'agriculture constituent, à peu près les seules bases de l'exportation. En général tous les objets de luxe, et ceux qui demandent une main-d'œuvre habile, sont importés d'Europe.

On trouve pourtant encore des tapis, des brocarts, de belles armes, des parfums renommés, des broderies d'or et d'argent.

CHAPITRE V

—

MONNAIES - POIDS - MESURES

—

Monnaies

La piastre effective en argent qui sert d'unité monétaire et que les indigènes, israélites ou musulmans désignent sous le nom de *rial*, vaut 60 c.; mais elle est sujette à des variations déterminées par les opérations du commerce et de la bourse, qui en font flotter la valeur entre les deux termes extrêmes de 60 et 65 c.

Nous ne donnerons ici que la valeur intrinsèque de cette piastre et de ses multiples :

Pièce de 1 piastre, *rial* fodda.....   0 60 c (1) ;
     — 2 piastres, *rialine*........   1 20
     — 3 piastres, tlêta rïalet.....   1 80
     — 4 piastres, arba rïalet 2 40
     — 5 piastres, khamsa rïalet..   3 »

Comme il y a peu de différence entre le module des pièces de 3 et 4 piastres, et entre celui des pièces de 4 et de 5 il faut se mettre en garde contre les méprises qui pourraient en résulter. Il est donc prudent de se faire indiquer par un négo-

---

(1) Il y a aussi des demi-piastres d'argent valant 30 centimes.

ciant ou un ami, les petits signes caractéristiques de chacune de ces pièces. On se familiarise aisément avec la connaissance de ces marques distinctives.

La monnaie d'or est aussi belle que la monnaie d'argent. Le titre de l'une et de l'autre est, d'ailleurs, exactement conforme au titre de la monnaie française. Pour frapper, au Bardo, la monnaie tunisienne, on se borne à jeter dans les creusets nos pièces d'or et d'argent sans y ajouter le plus léger alliage.

Pièces d'or de   5 piastres : *bou khamsa*..   3 fr.
  Id.   de 10   —   *bou achra*....   6
  Id.   de 25   —   *bou achrine*.. 15
  Id.   de 50   —   *bou khamsine*. 30
  Id.   de 100 —   *bou mia*..... 60

La monnaie de billon est de bonne frappe; mais elle est fort incommode à raison de son poids.

Voici ses divisions et leur valeur :
Espèce de 1/2 caroube, *nouce kheurrouba* : 0 01 1/4
   —   1 caroube, *kheurrouba* 0 02 1/2
   —   2 caroubes, *kherroubtine* 0 05

Cette pièce se nomme aussi *temenn*. Elle pèse autant que quatre de nos sous français, en sorte que lorsqu'on change une pièce de deux piastres en monnaie de billon, on vous donne 48 *caroubes* ou 24 *temenns* représentant le poids de 96 de nos sous.

La *piastre d'argent* vaut de 22 à 24 *caroubes*, suivant le plus ou le moins d'abondance de la monnaie de cuivre sur le marché public.

Nous disons *piastre d'argent*, parce qu'il existe une piastre nominale, dite *piastre de cuivre*, qui, dans les comptes, ne vaut que 16 *caroubes* au lieu de 24.

A ce sujet, il convient de faire remarquer que les prix de toutes les denrées nécessaires à la vie, et celui de tous les menus objets de ménage : assiettes, verres, couteaux, paillassons, balais, etc., etc., sont stipulés en piastres de cuivre. Il faut donc bien se garder de donner une piastre d'argent en échange d'une perdrix ou d'un kilog. de raisin dont le vendeur vous aura tout bonnement demandé une piastre : *rial*. Il est toujours sous entendu, dans ces sortes de transactions, qu'il s'agit de la piastre de cuivre, c'est-à-dire de 16 *caroubes* (40 c.)

Il existe encore dans la circulation une quantité assez forte d'anciennes monnaies à titre altéré. Elles sont admises sans difficulté aucune, à la condition qu'elles ne soient pas fausses, ce dont on peut s'assurer en les soumettant à l'examen d'un changeur.

Lorsqu'on veut changer une pièce d'or en menue monnaie d'argent, il vaut mieux avoir recours à l'obligeance de quelque commerçant, que de s'adresser aux changeurs israélites qui exercent leur industrie en plein vent. Ce sont presque tous des fripons.

Si la somme est considérable, recourez alors à un banquier, et particulièrement à M. Dominique Mangora, agent de la Compagnie Valéry frères et fils.

Poids et mesures.

L'unité de poids est le *rottel.*

Il y a trois catégories de *rottels* ·

1° Le *rottel áttari* qui est de 16 onces ;

2° Le *rottel souqi* qui est de 18 onces :

3° Le *rottel khédari* qui est de 20 onces.

Ainsi que l'adjectif qualificatif l'indique le rottel *áttari* s'emploie pour peser les essences, les parfums et objets de valeur ; le rottel *souqi* s'emploie pour l'épicerie ; le rottel *khédari* pour les légumes.

Cent rottels forment un quintal, soit 49 kilog. 623 gr.

Les mesures de capacité sont au nombre de quatre, savoir :

Le *saá* = 3 litres et 12 centilitres ;

La *ouiba* = 37 — 1/2 ou 12 *sáás* ;

Le *caffis* = 600 — ou 16 *ouibas* ;

Le *métal* = 16 kilog.

La *ouiba* s'emploie pour le mesurage des céréales.

Le *métal* est spécialement affecté à celui des huiles.

Le poids de cette dernière mesure varie selon les localités ; ainsi le *métal* de Soussa est de 18 kilog., celui de Sfax, de 19 kilog., et celui de Djerbah s'élève jusqu'à 22.

Les mesures agraires sont :

1° La *méchia* = 10 hectares ;

2° Le *drá árbi* = 484 millimètres carrés.

On ne se sert du *drá árbi* que pour mesurer des superficies de peu d'étendue (maisons, jardins).

Il y a trois mesures linéaires :

    1° *drá árbi*   = 484 millimètres.
    2° *drá tourqi*   = 637   id.
    3° *drá enndessly*   = 667   id.

Le *drá arbi* sert à mesurer les tissus anglais; le *drá tourqi*, les soieries, toileries; le *drá enndessly*, la draperie.

La mesure géographique est :

Le *mile* qui équivaut à 3,000 draàs, soit 1,452 mètres

CHAPITRE VI

—

CONSULATS

Les puissances étrangères sont représentées par des fonctionnaires qui se divisent en trois classes : 1° les chargés d'affaires qui sont à la fois consuls généraux; 2° les consuls généraux; 3° les simples consuls. La qualification d'agent que prennent les représentants de l'Angleterre, de l'Autriche et de l'Italie, équivaut à celle de chargé d'affaires.

Un étranger qui veut jouir de la protection de son consul doit se faire immatriculer sur les registres de la chancellerie.

Les bureaux des différentes chancelleries sont généralement ouverts de 9 à 11 heures du matin et de 2 à 4 heures dans l'après-midi. Ils sont fermés les dimanches et jours fériés.

Les chargés d'affaires, consuls généraux et simples consuls jouissent à Tunis ainsi qu'au Maroc, de très-grandes immunités. Leur autorité sur leurs nationaux n'a, pour ainsi dire, pas de limites.

Ils ont le droit ou plutôt le pouvoir de faire incarcérer et d'expulser quiconque leur paraît mériter de l'être. Justice, état-civil, notariat, haute police, etc.; tout est centralisé dans leurs mains.

Ils ont pour les seconder dans leurs fonctions un vice-consul, un chancelier, plusieurs drogmans, des commis de chancellerie et un nombre indéterminé de janissaires.

Dans quelques consulats généraux, ce personnel

s'augmente d'un fonctionnaire qui a le titre de *consul-juge*. C'est lui qui demeure chargé de tout ce qui concerne la justice.

Les attributions de juge de paix sont presque toujours dévolues au premier drogman de chaque légation.

Nous ne donnons pas les noms des représentants des puissances, attendu que ce qui serait exact aujourd'hui cesserait de l'être demain. Il n'en est pas des fonctionnaires comme il en est des négociants.

CHAPITRE VII

—

RENSEIGNEMENTS GÉNÉRAUX

—

Époque la plus favorable pour se rendre
à Tunis

Décembre, février et mars sont généralement marqués, sur terre comme sur la Méditerranée, par des coups de vent violents, des pluies de longue durée et une température à laquelle on est plus sensible en Afrique qu'en Europe, quoique le thermomètre ne descende jamais au-dessous de zéro dans les jours estimés les plus rigoureux. Le soir et le matin, il varie entre 5 et 8 au-dessus de glace. Dans la journée, il monte jusqu'à 12.

Janvier est presque toujours très-beau ; octobre et novembre ont des matinées fraîches, des soirées humides et quelques rares séries de deux à trois jours de pluie.

Les grandes chaleurs, quoique moins fortes qu'à Alger, commencent vers le 15 juin pour cesser à la fin d'août.

Septembre, avril, mai et à la rigueur la plus grande partie de juin, n'offrent aucun des inconvénients propres aux autres mois de l'année. Ce sont donc les mois les plus favorables pour visiter Tunis ; ce sont aussi les meilleurs pour effectuer les traversées, soit que l'on parte de Marseille, soit que l'on vienne d'Alger en faisant escale dans les différents ports de la côte.

De Tunis à la Goulette

Le trajet de Tunis à la Goulette, par le chemin de fer, dure 25 minutes; on compte 15 kilomètres par la route de terre. La distance est de 9 kilomètres par le lac. Lorsque le vent est favorable, les balancelles n'emploient pas plus d'une heure 1/2 pour opérer cette petite traversée. C'est la durée du trajet par le bateau à vapeur.

Quand il fait beau, le voyage du lac est fort agréable parce que le panorama qui se développe autour de vous est des plus intéressants : on a devant soi la ville de Tunis dont le développement est considérable et l'aspect fort imposant : à gauche, les montagnes de l'Hammamlif qui dessinent leurs découpures fortement ombrées d'azur sur un ciel d'une limpidité que ne trouble aucun nuage; à droite, les collines du Belvéder et les blanches villas du village aristocratique de l'Ariane. En portant le regard derrière soi, on aperçoit, au nord des constructions de La Goulette, la colline où fut Carthage et que domine aujourd'hui la Chapelle Saint-Louis et le bourg de Sidi-bou-Saïd.

Les calèches n'emploient guère moins de temps que les balancelles pour se rendre à Tunis; mais elles offrent cet avantage, c'est que, quelque temps qu'il fasse, on est toujours sûr d'arriver en une heure et demie. Elles suivent la route qui contourne le lac. Elles sont à quatre places, bien tenues et attelées de très-bons chevaux.

Si l'on a beaucoup de colis à transporter, c'est le cas de les charger sur une balancelle Nulle inquiétude de ce côté, lorsqu'on les confie à un batelier connu de l'un des négociants de La Goulette ou désigné par l'un des agents employés dans les vice-consulats qui y sont établis.

Lorsqu'on est recommandé au consul de sa nation, et que l'on désire être affranchi des ennuis inhérents à la visite des malles, on demande une *passe* à ce fonctionnaire Mais il est nécessaire qu'elle soit ensuite échangée dans les bureaux de l'Amiral contre un bulletin écrit en arabe au vû duquel le préposé de la douane vous accorde la libre entrée. Tout cela se fait rapidement, parce que l'hôtel de l'Amiral est situé sur le quai même où vous débarquez. Il ne faut pas plus d'un quart d'heure pour remplir ces formalités dont l'accomplissement peut, d'ailleurs, être confié à l'un des *cicerone* que les hôtels de Tunis ne manquent jamais d'expédier à La Goulette le jour où doit arriver le courrier.

Postes

Les affranchissements et chargements (à l'exception des valeurs déclarées, sont comme en France reçus dans les bureaux. Les timbres-poste de toutes catégories y sont tenus à la disposition du public.

Le port d'une lettre simple à destination de la France ou de l'Algérie est de 0,40 c.

La lettre non affranchie paye 0,60 c.

Il existe aussi au consulat d'Italie un bureau de poste desservi par les bâtiments à vapeurs de la Compagnie Rubattino Mais le port d'une lettre simple à destination de la France ou de l'Algérie est alors de 0,80 c , au lieu de 0,40 c. Les départs de ce courrier italien ont lieu tous les mercredi à midi.

Télégraphe

Des bureaux télégraphiques existent dans les villes suivantes :

Le Bardo, Bizerte, La Goulette, Le Keff, La Mahédiah, Monastier, Sfax, Soussa et Tunis.

Le prix des dépêches est fixé comme suit :

Entre un bureau de la Tunisie et un bureau algérien, la dépêche de 20 mots.......... 2 fr. 40

Entre un bureau de la Tunisie et la France (Corse comprise), la dépêche de 20 mots........................... 4 fr. 40

Le télégraphe et la poste sont situés dans les mêmes bâtiments, à quelques minutes seulement de l'hôtel d'Orient et de l'hôtel Bertrand.

Voitures et chevaux

Le nombre des calèches de place est considérable. On peut donc s'en procurer sans difficulté, soit qu'on veuille les prendre à l'entrée de la *Porte de la Marine* où il leur est permis de stationner, soit qu'on les aille chercher au domicile de leurs propriétaires qui presque tous, habitent la longue *rue des Maltais*. Les attelages composés de chevaux ou de mules sont infiniment supérieurs à ceux que l'on trouve dans beaucoup de nos villes d'Europe. Les calèches sont modernes ; elles sont propres et ne laissent rien à désirer sous le rapport de la solidité. Le prix des courses n'est pas tarifé. Mais, en prenant une voiture à l'heure, ce prix n'excède jamais 3 piastres (1 fr. 80).

Un cheval de selle mis à votre disposition vers 3 heures de l'après-midi (heure à laquelle les promeneurs commencent à se montrer sur le boulevard) ne coûte que 5 piastres (3 fr.) pour toute la soirée. Il coûte 15 piastres pour une journée entière.

Bains

Il existe beaucoup d'établissements de bains maures ; mais on ne trouve des bains à l'européenne que dans les hôtels français.

SERVICE DU CHEMIN DE FER

Tunis..........	5 h.30	6 h.54	9 h.	12 h.15	2 h.15	4 h.40	7 h.15	8 h.30
La Goulette. ..	5 h. 5	7 h.15	9 h.23	12 h.50	2 h.40	5 h.05	7 h.50	8 h.55
La Goulette ...	6 h.10	8 h.	11 h 35	12 h.50	3 h.	6 h	8 h.	9 h.30
Tunis	6 h.33	8 h.25	11 h.	1 h 15	3 h.25	6 h.25	8 h.25	10 h.15

La Goulette....	5 h.15	7 h.10	11 h.	2 h.	5 h.40	8 h.40
La Marsa......	5 h.25	7 h.20	11 h.10	2 h.10	6 h.	8 h.50
La Marsa. ...	6 h.30	9 h.30	12 h.10	4 h.30	8 h.20	10 h.10
La Goulette....	6 h.40	9 h.40	12 h.20	4 h.40	8 h.30	10 h.20

Tunis..........	6 h.	8 h.50	11 h.20	3 h.50	7 h.40	9 h.30
La Marsa......	6 h.30	9 h.20	11 h.50	4 h.20	8 h.10	10 h.
La Marsa......	5 h.	7 h.30	10 h.30	2 h.30	6 h.40	9 h.
Tunis..........	5 h.	8 h.	11 h.	3 h.	7 h.10	9 h.30

Tunis.....	Ce service est suspendu pendant tout le temps que le bey
	fait sa résidence à La Gou'ette, soit environ jusqu'au 1er oc-
Le Bardo......	tobre. — Pendant l'autre saison, trois trains par jour.

PRIX DES PLACES

	1re cl.	2e cl.	3e cl.
De Tunis à La Goulette et vice-versâ...................	2 »	1 25	60
— La Marsa —	2 »	1 25	60
De La Goulette — —	1 »	60	30
De Tunis au Bardo —	1 »	60	30

BUFFET

Le grand nombre de trains permet au voyageur débarquant à La Goulette de repartir immédiatement ; mais celui-ci trouvera à la gare de La Goulette un buffet confortable et de prix modérés, parfaitement tenu par M. Ph. Michel (hôtel d'Orient à Tunis).

Services de paquebots
entre Tunis l'Europe et l'Algérie

Cie RUBATTINO.

Ligne de TUNIS à CAGLIARI (et vice-versâ).

Départ de Cagliari le dimanche matin.
Arrivée à Tunis le lundi matin,

Départ de Tunis le mercredi à midi.
Arrivée à Cagliari le jeudi matin

Correspondance à CAGLIARI pour

Livourne et Gênes (arrivée le samedi).
Naples   (—   vendredi soir).
Palerme (2 fois par mois —   —

De Tunis à Cagliari, 1re classe, 55 fr., 2e classe, 40 fr.
    —   Palerme,   —   115   —   85
    —   Naples,   —   120   —   88
    —   Livourne,   —   130   —   90
    —   Gênes,   —   140   —   100

Cie VALÉRY FRÈRES ET FILS

Ligne de TUNIS à MARSEILLE par Ajaccio et Bône
(et vice-versâ).

Départ de Marseille, mercredi, 5 h. soir.
Arrivée à Tunis, dimanche matin.
Départ de Tunis, mardi, 6 h. soir.
Arrivée à Marseille, samedi matin.

1re classe, 148 fr. — 2e classe, 118 fr.

Correspondance à Bône pour Alger et les escales (Philippeville, Bougie, etc.).

1re cl., 100 fr.; 2e cl., 80 fr.; 3e cl., 50 fr. (s. nour. pont).

Cie FLORIO

PALERME à TUNIS (et vice-versâ)
Tous les 15 jours.

Départ de Palerme, mercredi matin
Arrivée à Tunis, jeudi soir.
Départ de Tunis, samedi soir suivant.
Arrivée à Palerme, lundi après-midi.
Escales à Trapani, Marsala, Pantellaria.

1re cl , 66 fr. 50; 2e cl., 41 fr. 50 sans nourriture.
Billets aller et retour : 1re cl., 94 fr.; 2e cl , 60 fr.

Lignes de LONDRES à ALEXANDRIE par TUNIS et MALTE.

Agent à Tunis : M. PIRKINS.

Service tous les 28 jours.
De Tunis à Malte, 1re classe, 50 fr. (nour. comprise).
— Alexandrie, 1re classe, 100 fr. —

Service irrégulier entre TUNIS et MALTE
par le petit vapeur maltais, le *Lansfield*, sans cabines.

Agent à Tunis : M. FOA.

Prix du passage : 50 fr.

DEBARQUEMENT.

Le prix du débarquement du paquebot à l'arrivée à La Goulette est de 2 fr. par personne, tous bagages compris.

SERVICE QUOTIDIEN PAR BATEAUX A VAPEUR DE

LA GOULETTE (PORT) A TUNIS

De La Goulette à Tunis	*De Tunis à La Goulette*
1er départ 5 h. matin.	1er depart 6 h. 30 matin.
2e — 12 h. 30.	2e — 2 h. soir.
3e — 4 h. soir.	3e — 6 h. soir.

Il sera prochainement établi un 4e départ.

Prix du passage

1re classe...................... 1/4 piastre d'argent = 1 10
2e .... 1/4 — cuivre = 0 60

CHAPITRE VIII

—

ARCHÉOLOGIE

Comme nous l'avons dit en commençant cette rapide étude, les vestiges de l'antiquité sont nombreux sur le sol de la Tunisie. Les Carthaginois d'abord, puis les Romains, les Vandales, les Turcs et tant d'autres, ont laissé tour à tour les traces de leur domination sur ce pays.

Aussi les ruines que l'on a découvertes sont-elles en grand nombre, et les différentes commissions d'explorations ont-elles pu faire un riche butin en inscriptions, médailles, statues, restes d'architecture, etc.

Dans ces dernières années, S. E. M. le général Khéreddine, donnant un libre cours à son goût favori et s'appuyant sur les connaissances de sa propre érudition, a su réunir, dans ses nombreux palais, une quantité prodigieuse d'objets de toute sorte appartenant aux diverses races qui se sont succédé sur ce territoire. Réunies en musées par ses soins intelligents, toutes ces précieuses reliques de l'antiquité pourraient, à elles seules, aider à reconstruire l'histoire des temps qui se sont écoulés depuis Annibal et ses ancêtres jusqu'à nos jours.

L'étendue trop restreinte de ce petit ouvrage ne nous permet pas de nous étendre longuement sur ce sujet. quelque intéressant qu'il soit d'ailleurs.

Peut-être un jour pourrons-nous revenir à loisir sur ces noms si connus du lecteur : *Carthage, Utique, Vacca Hippone, Phradix, Sicca-Veneria. Adrumète. Ruspina, Capsa* et tant d'autres dont la seule nomenclature nous entraînerait trop loin.